AF403689

DE LA
PAIRIE.

PÉTITION

A LA CHAMBRE DES DÉPUTÉS.

ROUEN,

IMPRIMERIE DE D. BRIÈRE.

RUE SAINT-LO, N° 7.

1831.

PAIRIE.

PÉTITION

A LA CHAMBRE DES DÉPUTÉS.

Si l'on comptait les voix en France sur cette question : *La pairie doit-elle cesser d'étre hé-réditaire?* l'affirmative aurait la majorité ; mais si, après ce scrutin, on demandait à chacun ce qu'il faut mettre à la place de la pairie actuelle, vous verriez une telle divergence d'idées ou des systèmes d'une exécution si difficile, que beaucoup de votants regretteraient de s'être prononcés aussi vîte ; il convient donc de ne voter sur l'abolition de l'hérédité qu'en apportant un système tout préparé sur la pairie elle-même.

Ne cherchez pas dans l'ancienne pairie les éléments de la pairie moderne ou du troisième pouvoir législatif en France : les sept pairs laïques, les six pairs ou seigneurs relevant directement de la couronne, les pairs ecclésiastiques, ces officiers qui étaient les premiers conseillers du parlement de Paris, ces dignitaires, dont un avait le droit de porter au sacre la première bannière carrée, et un autre les éperons, nous présentent bien peu de rapports avec ce que nous attendons aujourd'hui d'une chambre participant à la législation. Le dernier état de la pairie, sous la monarchie de Louis XIV, offre tout au plus, avec la pairie actuelle, quelques rapports de juridiction. Les rédacteurs de la Charte de 1814, en disant qu'ils voulaient rattacher *les temps anciens aux temps modernes* par cette institution, sacrifiaient donc la vérité au besoin de s'étayer de précédents historiques.

La pairie moderne, imitée de la chambre des lords à laquelle l'Angleterre a dû la stabilité de ses institutions, est née au milieu du laborieux enfantement de la constitution française. Ce travail a commencé en 1788, et dure encore.

La constitution de 1791, déclarant les droits de l'homme, de la nation et du citoyen, admettait, pour représenter la nation, le corps législatif et le Roi. Le corps législatif, c'était l'Assemblée nationale, composée d'une chambre formée tous les deux ans par de nouvelles élections : son action était trop forte vis-à-vis de la prérogative du Roi, et aucune puissance n'avait la faculté de rétablir l'harmonie une fois qu'elle eût été rompue : deux années ont suffi pour le prouver.

L'acte constitutionnel de 1793, présenté au peuple français par la Convention, avait bien défini tout ce que la loi devait régler ; mais, en outre de ce qu'il faisait consister la représentation nationale en une seule assemblée de députés, le conseil exécutif dépendait de cette assemblée ; ses agents étaient limités, quant au nombre, suivant la volonté du corps législatif ; ce conseil composé de membres en nombre pair était tenu de se rendre au sein du corps législatif quand celui-ci le jugeait convenable, c'est-à-dire qu'il n'existait qu'un pouvoir. Une pareille constitution nécessita des excès épouvantables, et dura deux ans et trois mois.

La constitution de l'an IV rédigeant à nouveau les droits de l'homme et du citoyen, reposant sur une base républicaine, élective, remettait bien l'œuvre de la loi à deux conseils qui ne pouvaient exercer ni le pouvoir exécutif ni les fonctions judiciaires ; mais le gouvernement délégué à cinq membres nommés par les Anciens sur une liste présentée par les Cinq-Cents devait bientôt avoir pour résultat que le plus influent des directeurs, ou le général dont il ferait son protégé, diviserait les assemblées ou maîtriserait le Directoire. Le changement dans le personnel devait aussi amener des commotions parmi plus de trente millions de gouvernés. Ce gouvernement dura quatre années. Ces quatre années ne furent pas sans bonheur ni sans gloire : toutes les armées méritèrent bien de la patrie ; plus d'un traité de paix fut signé ; la jeunesse reçut une bonne éducation primaire ; les beaux-arts furent encouragés ; en un mot la constitution de l'an IV eût duré plus long-temps si, au lieu du Directoire, on n'eût eu qu'un directeur ; c'est ce que comprit fort bien l'homme politique et militaire qui passa d'Italie en Egypte, et d'Egypte en France, et dont le frère était aux Cinq-Cents ; c'est ce que comprenaient aussi fort bien les républicains qui exigèrent des consuls, tous les ans, au 21 janvier, le serment de haine à la royauté, laquelle devenait imminente parce qu'on avait cinq fractions de rois.

Bonaparte renversa cette constitution, et ce renversement fut combiné dans l'intervalle écoulé entre le 24 vendémiaire, jour de son arrivée en France, et le 18 brumaire ; le résultat fut qu'au lieu de cinq directeurs, on eut trois consuls.

La constitution de l'an VIII pécha par un autre excès ; elle créa quatre pouvoirs : les Consuls, le Sénat-Conservateur, le Corps-Législatif et le Tribunat. Les deux derniers étaient si faibles, que, même réunis, ils n'eussent pu se soutenir. Le Sénat se recrutant par une nomination faite par le Sénat lui-même sur trois candidats dont un était présenté par le premier consul, n'avait pas souvent la liberté du choix ; et des trois consuls, l'un absorbait la dignité des autres. Le premier consul fut nommé à vie. C'était lui qui, en l'an X, présentait au Sénat les candidats pour la nomination du deuxième et du troisième consuls. L'équilibre était déjà rompu.

En l'an X le Tribunat fut réduit de moitié ; ce n'était plus une constitution. Le mécanisme de la législation mis en jeu par des hommes de talent produisit, il est vrai, le Code civil ; et la diplomatie, confiée à des hommes forts, nous faisait respecter à l'extérieur. Mais la liberté intérieure dépérissait à vue d'œil.

Par la constitution de l'an XII, le Sénat tout seul, composé d'éléments qui représentaient si mal la nation, fut censé créer un gouvernement nouveau. Par un sénatus-consulte, il confia le gouvernement de la république à un Empereur. Le Conseil-d'État avait rang avant le Corps Législatif, et le Tribunat, singulièrement diminué, ne pouvait plus discuter les lois en assemblée générale.

La tyrannie devait suivre une pareille absence de la représentation populaire ; il y eut de l'ordre, il y en a parfois avec la tyrannie ; mais dès que le prince fut tombé, il entraîna la constitution avec lui.

Après tant de vicissitudes, de gloire et de malheurs, vint donc la Charte constitutionnelle de 1814. M. Dambray, parlant, après Louis XVIII, aux sénateurs et aux députés, leur disait que la Charte nouvelle présentait une combinaison telle qu'elle offrait *autant de garanties pour la nation que de sauve-gardes pour la royauté.* Si le fait eût été aussi vrai que cette autre pensée du chancelier, que *la France regardait le pouvoir de la couronne comme un pouvoir tutélaire nécessaire à son bonheur,* et si Louis XVIII, au lieu d'un octroi eût fait un pacte débattu, on n'eût pas eu le changement des cent jours , et les français, même avec le personnel vicieux de Charles X, et malgré lui, auraient pu concilier l'ordre et la liberté. Mais la Charte de 1814, encore qu'elle ait duré seize ans, c'est-à-dire plus qu'aucune des constitutions précédentes, portait une cause de maladie qu'il faut signaler aussi, et en cela consiste tout le secret de la pairie nouvelle. Le préambule de la charte disait que l'autorité tout entière résidait en France en la personne du Roi, ce qui était encore une contre-vérité historique ; ensuite c'était le Roi qui créait seul le second pouvoir ; de cette façon une portion essentielle de la puissance législative était tout entière à la nomination d'une autre portion essentielle de la même puissance. Le nombre des pairs était illimité, ce qui a amené la *fournée* et le 8 août. Le Roi pouvait nommer les pairs à vie ou héréditaires, selon sa volonté, ce qui tenait dans sa dépendance les pairs à vie, et exposait le vrai conseil des anciens à être composé de jeunes pairs avec beaucoup de fatuité et peu d'expérience, tandis que la chambre des députés ne possédait que des hommes au-dessus de quarante ans. Les délibérations des pairs étaient secrètes, et pourtant ces législateurs votaient sur le budget et sur la liberté de la presse.

Oui, la cause de la maladie est trouvée : ce fut l'excès de force d'une des trois sources de la loi qui lui donna l'occasion d'envahir les autres. Mais la force populaire qui, au lieu de s'affaiblir quand on la comprime, finit par une explosion terrible, fit une irruption qui doit servir de leçon à tous, et la démocratie coula cette fois à pleins bords. Le pays sait bien que son bonheur ne peut exister quand tous gouvernent ; il veut remettre les choses en leur place ; il prend dans la Charte ce qui a éprouvé l'action du temps, et ce qui, après tout, n'était que le résumé des législations précédentes ; de toutes ces constitutions écrites qui se suivent et s'abrogent, il s'en fait une *non écrite* qui éclaire les droits du peuple, et définit les obligations du trône. Le français veut, en profitant de tant d'expériences périlleuses, distinguer enfin ce troisième pouvoir oublié depuis 1791, faussé en 1814 ; il n'y a point de prophétie sans fatuité au moment où tout un peuple, où toute l'Europe est en progrès ; cependant on peut prédire que nous sommes sur le point de posséder ce bon établissement du troisième pouvoir ; nous sommes sur le point de résoudre le problème constitutionnel ; c'est à cela que chaque bon citoyen doit concourir.

Je ne mettrais pas une grande importance à conserver le nom de *pairs ;* l'étymologie en est même incertaine, mais ce nom existe déjà dans la Charte de 1830 ; il est rappelé dans beaucoup de lois qui l'ont suivie ; Sénat ou Pairie, peu importe : une fois que la chose sera bien définie, le mot sera indifférent.

Loin de dégrader la pairie, je voudrais l'élever : elle serait haute dans l'opinion, car elle serait le produit d'une élection ; elle aurait des garanties de durée, car chacun serait intéressé à la maintenir : l'essentiel est qu'elle ne puisse être ni envahissante, ni instrument de despotisme.

Non héréditaire, je ne la laisserais pas à la nomination du Roi seul, car un Louis XI pourrait bien la peupler de ses valets; je ne voudrais pas non plus que le Roi choisît parmi des candidats ; nous avons vu en l'an X combien ce mode était frustre. Je ne voudrais pas que le peuple élût directement, car il faudrait convoquer un collége à chaque décès de pair; d'ailleurs, ces pairs, nommés tous par le peuple, laisseraient le trône royal à sa merci; enfin, la limitation du nombre pourrait faire qu'un jour les trois pouvoirs fussent en querelle, et aucun d'eux ne pourrait rétablir l'harmonie. Feriez-vous une classe spéciale d'électeurs pour la pairie? Apparemment vous ferez consister le mérite de ces électeurs dans l'aristocratie de fortune; or, ne savez-vous pas encore ce qui advient quand c'est le petit nombre des plus imposés qui nomment?

Pour rendre réelle une sauve-garde qui a été, comme on l'a dit, oubliée, écartée ou faussée, il faut que la pairie ne soit ni absolue, comme l'hérédité de la couronne, ni mobile comme l'élection des députés, faite pour signaler les besoins de chaque année : qu'elle représente en son sein les intérêts du gouvernement, des gouvernés, et aussi les siens propres, comme pouvoir modérateur. Il faut que la pairie, ou le contre-poids politique, participe de chacun des deux pouvoirs qui l'ont précédé, et qu'il soit appelé à veiller lui-même à sa dignité et à sa conservation; il faut qu'il soit l'expression des souvenirs de la patrie et de la vertu des contemporains, qu'il ne puisse être débordé par le peuple ni avili par le prince; que son poids ne soit dérangé ni par un homme ni par une faction, et que lui-même il ne puisse pas être assez entreprenant pour porter ombrage à la liberté ou à la sagesse.

Le moyen étant cherché de bonne foi se trouvera.

Que le Roi nomme le premier pair de France; il le prendra, s'il le veut, dans une ancienne famille, pour perpétuer le souvenir et la dignité des noms historiques. Que la chambre des députés, représentant tous les électeurs, nomme le deuxième pair; elle le prendra dans son sein; elle donnera cette récompense au plus digne, à celui qui, plusieurs fois l'élu du peuple, pourrait bien n'avoir jamais été bien vu du ministère : le commerce et l'industrie entreraient par là à la pairie, autrement que par le caprice et la faveur; si le Roi envoyait un de ses complaisants, la chambre des députés mettrait en contre-poids un Lafayette.

Que la chambre des pairs elle-même nomme le troisième; laissez-la appeler, si elle veut, le fils du pair décédé, s'il lui paraît que, par des études mûres, il peut soutenir la réputation d'une famille patricienne. Elle omettra sans doute celui qui a souscrit des lettres-de-change et ne les paie pas; elle le prendra où elle voudra, car elle jugera, suivant les circonstances, des besoins de son indépendance et de sa dignité.

Qu'enfin les diverses nominations n'aient lieu que pendant les sessions, afin d'éviter l'appel spécial et le dérangement perpétuel des chambres, de façon que rien de législatif ne se fasse hors la session.

Et puis, si le Roi trouvait que la chambre des pairs n'est pas en harmonie avec lui et avec la chambre des députés, il nommerait un nombre limité de pairs; chacune des chambres nommerait un même nombre. Les membres nommés par la chambre des députés, joints à ceux nommés par le Roi, rétabliraient l'équilibre. D'un autre côté, une coalition entre le Roi et la chambre des pairs n'est pas à craindre, la chambre des députés, expression des scrutins du peuple, étant appelée à refuser l'impôt.

Si pourtant une chambre des députés s'insurgeait contre l'accord du Roi et des pairs, de nouvelles élections donneraient au peuple, à son tour, à juger cette opposition. S'il était favorable à ses députés, le Roi, à la session suivante, ferait une nomination de pairs d'accord avec la chambre des députés. Mais on verra bien rarement de ces nécessités quand la constitution sera bien assise.

Quelques députés, à qui j'ai fait part de mes vœux et du projet de loi que j'apporte, auraient bien volontiers consenti à faire nommer un pair par le Roi, un pair par la chambre des députés et un pair par la chambre des pairs elle-même. Il leur a paru que la pensée du projet était empreinte d'ordre et de bonne foi ; mais la difficulté leur a paru immense, parce que c'est la chambre des pairs elle-même qui leur semble être en conflit ; qu'elle existe constitutionnellement, et la disposition transitoire leur a paru extrêmement périlleuse. Selon moi, il n'est pourtant pas impossible de se tirer de là. Il s'agit, je le reconnais, d'une disposition transitoire et qui doit même être le premier article de la loi. L'article 68 de la Charte a dit que l'article 23 serait révisé : l'article 23 s'occupe de nomination, de nombre, de dignités, du pouvoir du Roi. Or, on refait cet article. Il n'y a point de pair qui n'ait été nommé par simple ordonnance. Nul doute qu'une loi peut retirer l'hérédité à qui la tient d'une ordonnance ; mais les pairs sont certainement reconnus pairs par la Charte de 1830 ; ils ont agi comme portion de la législature de 1830 et de 1831 ; ils doivent être les premiers reconnus par la loi nouvelle.

Le jeu de l'organisation proposée aurait donc lieu sans secousse, à mesure des extinctions, et même il pourrait commencer immédiatement, comme on va le voir par le projet.

En fondant ainsi des droits nouveaux, on respectera les droits acquis ; tel est le système que m'inspire un véritable et pur amour du pays. Je n'ai pas assez de crédit ni d'autorité pour le faire prévaloir : qu'un homme plus fort s'en empare.

1ᵉʳ Août 1830.

J. HOUEL,

Ex-président du collége électoral de Louviers.

PROJET DE LOI.

Art. 1ᵉʳ. Les pairs actuels, et ceux qui seront nommés à l'avenir, seront pairs à vie, et ne transmettront jamais la pairie à titre héréditaire.

2. Le premier pair qui décédera sera remplacé par un pair au choix du Roi.

Le deuxième par un pair nommé par la chambre des députés, et pris dans le sein de cette chambre.

Le troisième par un pair que nommera la chambre des pairs elle-même, et qu'elle pourra choisir dans toutes les classes de citoyens.

3. Dans l'une et l'autre chambre, cette nomination

se fera à la majorité absolue des votans, et à la majorité d'au moins un tiers des membres de la chambre.

4. Il ne pourra être nommé de pairs que pendant la durée de la session des chambres.

5. Aucun des trois pouvoirs ne pourra nommer pair de France le fils ou gendre d'un pair en exercice au moment de sa nomination.

6. Dans le cas où le Roi jugerait à propos d'augmenter la chambre des pairs, cette nomination ne pourra excéder le nombre de dix pairs de sa part, pendant chaque session ; la chambre des députés et la chambre des pairs nommeront chacune un nombre de pairs égal à celui nommé par le Roi.

7. Les chambres nommeront les pairs de leur choix dans les dix jours de la nomination faite par le Roi.

8. Les pairs nommés par le Roi et par la chambre des pairs n'auront entrée dans la chambre qu'à vingt-cinq ans et voix délibérative qu'à trente.

9. Les ordonnances du Roi et les décisions des chambres sur les nominations de pairs seront déposées en triple expédition, une à la chancellerie, une aux archives de la chambre des pairs, une aux archives de la chambre des députés.

10. Les articles 23 et 24 de la charte sont annulés.

PUBLICATIONS DU *PROGRÈS MÉDICAL*

DU

MANIEMENT DES INSTRUMENTS

EN

CHIRURGIE OCULAIRE

PAR LE

Dr LANDOLT

Conférence d'ouverture (1er décembre 1885) du cours de chirurgie
oculaire fait à l'Ecole pratique de la Faculté de médecine.

PARIS

Aux Bureaux du PROGRÈS MÉDICAL

14, rue des Carmes, 14

A. DELAHAYE et E. LECROSNIER

LIBRAIRES-ÉDITEURS

Place de l'École-de-Médecine

1886

DU

MANIEMENT DES INSTRUMENTS

EN

CHIRURGIE OCULAIRE

Messieurs,

Si j'ai brigué l'honneur de reprendre mes conférences à l'Ecole pratique, interrompues depuis presque dix ans, c'est pour traiter *pratiquement* un des sujets les plus pratiques qui existent : la CHIRURGIE OCULAIRE. Aussi consacrerons-nous peu de temps à la parole, beaucoup à l'exercice.

Voici la tête dont les yeux serviront à nos opérations ; voici les instruments avec lesquels nous les attaquerons. Mais, avant d'y mettre la main, il convient cependant de consacrer quelques mots à leur maniement, au but de nos opérations, au terrain sur lequel nous les pratiquerons.

Ce n'est pas vous, Messieurs, qui me direz que ces préliminaires seront de la théorie superflue. Vous ne compterez pas parmi les empiriques ; vous désirez devenir, ou vous êtes déjà, des médecins, des chirurgiens, peut-être des spécialistes accomplis, appartenant à l'ordre si noble de ceux qui connaissent et la théorie et la pratique, qui ont trouvé dans la science le fond, dans l'observation et dans l'expérience l'achèvement de leur éducation médicale.

Qu'est-ce, en effet, que la théorie dans l'art chirurgical, sinon le résumé des expériences de nos devanciers ? — C'est de la pratique dite ou écrite.

Est-ce à dire pour cela qu'elle est inutile et négligeable ? — Nullement. Elle nous épargnera une multitude de méprises, nous préservera des fausses routes sur lesquelles trop de praticiens se sont perdus, et nous montrera le chemin qui mène le plus sûrement au but.

Certes, nous ne suivrons point aveuglément les traces de nos prédécesseurs. Nous n'abdiquerons jamais en faveur de n'importe quel précepte, quelque sûrement établi qu'il paraisse. Le « *jurare in verba magistri* » n'est d'ailleurs pas le faible de celui qui a l'honneur de vous parler. Aucune profession n'exige, en effet, plus d'indépendance d'esprit, plus d'initiative que celle du chirurgien. Mais s'il est indispensable qu'il ait les yeux ouverts sur tout ce qui est autour de lui et devant lui, il ne doit point les fermer sur ce qui est *derrière* lui. A quoi la chirurgie française doit-elle sa gloire et sa vieille renommée, sinon à l'étude approfondie de l'anatomie qui est toujours encore mieux cultivée ici que nulle part ailleurs et qui fait sa base scientifique, à la tradition de maîtres illustres, qui constitue son côté théorique, et à l'esprit pratique, ouvert, entreprenant de leurs disciples.

D'où vient-il alors qu'on entend encore des praticiens essayer de déconsidérer la théorie et la science, en voulant les mettre en opposition avec la pratique ? — C'est parce qu'ils ne connaissent pas la théorie vraie ; sans cela elle trouverait sa justification dans la pratique, et qu'ils ne possèdent point la science et sont incapables de l'acquérir. En feignant de croire que la connaissance parfaite de l'anatomie et de la physiologie de l'organe ne s'accorde pas avec les aptitudes pratiques, ils espèrent

qu'on conclura tout naturellement qu'étant les plus igno-
rants en science, ils doivent être les opérateurs les plus
accomplis. Fort heureusement l'un n'exclut pas l'autre,
bien au contraire : pour être bon chirurgien, il faut
avant tout bien connaître l'organe sur lequel on opère.
Et ceci n'est pas seulement indispensable, mais encore
facile à réaliser dans un domaine aussi limité que l'ophthalmologie. J'espère bien que ceux d'entre vous, Messieurs, qui se sentiront attirés par cette branche si
séduisante de la médecine, sauront unir aux connais-
sances théoriques l'expérience et l'aptitude du chirurgien. Vous ne serez point des spécialistes dans la spé-
cialité.

Pour en revenir à nos instruments, nous nous per-
mettrons d'abord quelques réflexions sur leur *maniement*. N'en est-il pas ainsi pour toute chose? — Ne
nous a-t-on pas enseigné comment il faut tenir la plume
avant de nous laisser écrire? — Et y a-t-il quelqu'un
d'assez mal avisé pour aller sur le terrain sans s'être
soigneusement renseigné au sujet du maniement des
armes? Il est vrai qu'il s'agit, dans ce cas, de défendre
sa peau avant d'entamer celle de l'adversaire. Mais le
malade qui se confie à notre bistouri ne mérite-t-il pas
la même attention que nous nous accordons à nous-
mêmes? — Apprenons donc à fond l'exercice des armes
avec lesquelles nous comptons défendre celui qui s'est
mis sous notre garde!

Avant tout, pénétrons-nous bien d'une chose : c'est
qu'il n'y a qu'*une seule* chirurgie. Ses principes fonda-
mentaux sont partout les mêmes, aussi bien pour l'opération que pour le traitement consécutif. Son application seule se modifie suivant la partie du corps, sur
laquelle elle s'exerce. C'est pourquoi, dans la chirurgie
oculaire, ainsi nommée uniquement parce qu'elle con-
cerne l'œil, nous nous en tiendrons toujours aux règles
de la chirurgie générale, dont elle est la fille cadette.

Nous remarquerons cependant, de suite, les différences de détail assez marquées qui existent entre la fille et la mère. Le *terrain* de la chirurgie oculaire est, d'abord, très *limité* en comparaison avec celui de la grande chirurgie. C'est d'ailleurs la raison pour laquelle nous qualifions cette dernière de « grande ». — Puis, l'organe sur lequel nous opérons en ophthalmologie est essentiellement *mobile*. Le globe de l'œil tourne malgré la narcose et malgré la pince à fixation, tandis que toutes les autres parties du corps peuvent être rendues immobiles.

Il s'ensuit que la chirurgie oculaire nécessite un maniement des instruments quelque peu différent de celui de la grande chirurgie et qu'elle réclame une délicatesse, une sûreté de main et une habileté des doigts extraordinaires.

Prenons comme exemple le maniement de l'instrument type du chirurgien, celui du couteau. Une section classique forme, en somme, une partie d'un arc ayant un centre à peu près immobile et un rayon d'autant plus long qu'elle est plus étendue. Ceux d'entre vous, Messieurs, qui manient le sabre savent que cet instrument tranchant a souvent pour centre de mobilité l'aisselle, pour rayon la longueur du bras et pour arc de section, si possible, tout le corps de l'adversaire. Il n'en est pas autrement des grandes sections que le chirurgien est parfois appelé à exécuter dans un but humanitaire. Elles se font également avec la participation du bras tout entier.

Les sections de moindre étendue ont pour rayon l'avant-bras, et les plus petites la main seulement, tournant dans l'articulation du poignet.

J'ai passé assez de temps comme élève et comme praticien dans l'école fondamentale de la grande chirurgie pour ne point ignorer que la main, loin d'être un organe de préhension inerte, donne à la section son fini, mais on peut dire néanmoins que le poignet forme, pour ainsi dire, la limite entre la grande chirurgie et la chirurgie oculaire. Un oculiste classique n'aura recours aux mouvements qui partent du carpe que lorsqu'il veut varier la position de sa main et pour des opérations plastiques qui appartiennent, pour leur technique, au tant au domaine de la chirurgie générale. Mais les opérations oculaires proprement dites, il les exécutera toutes avec les *doigts*.

Nous voici arrivés du sabre au fleuret, des « coups circulaires » au « doigté ». — En effet, c'est le *doigté* qui fait l'opérateur en ophthalmologie. Nos petites sections n'exigent que des excursions minimes de l'instrument, un rayon qui ne dépasse guère deux phalanges. D'autre part, l'organe qui nous occupe est si délicat et si mobile, qu'il exige une finesse, une promptitude, une suite de mouvement telles, que celui qui le fait partir du carpe ou même du coude, risque cent fois de perdre un œil, rien que pour faire une kératotomie.

N'est pas oculiste qui veut, Messieurs ; en dehors de la science, qui a déjà pris un développement assez respectable depuis les trente dernières années, mais qu'un homme quelque peu intelligent et assidu parvient encore facilement à acquérir pour les besoins de la pratique, en dehors de cette science, dis-je, l'oculiste doit être en même temps chirurgien. Et pour cela, il lui faut une aptitude et un entraînement particuliers que beaucoup n'arrivent jamais à acquérir. Les grandes écoles d'ophthalmologie l'ont parfaitement reconnu. Je me rappelle que partout où j'ai suivi des cours de chirurgie oculaire, en Autriche comme en Hollande, chez Horner comme chez de Graefe, partout on cultivait certains exercices destinés à rendre les doigts indépendants de la main et indépendants entre eux. C'est ainsi qu'on parvient à leur donner cette souplesse dans les mouvements, cette finesse dans le toucher qui ont fait les grands maîtres en chirurgie oculaire, les Daviel, les Jaeger, les Desmarres.

Il faut, en effet, savoir suivre les mouvements multiples et variés de l'œil, ce petit organe si vif, si imprévu, si capricieux. Il faut même, avec un tact exquis, les pressentir, savoir lui « rendre la main » au besoin, suivant l'expression heureuse de notre ami Gayet, et la reprendre au moment voulu.

Rappelez-vous seulement, Messieurs, une opération de cataracte. Ne faut-il pas une grande sûreté des doigts pour accomplir, malgré les différences considérables de résistance, une section d'une étendue donnée, dans une direction et un endroit voulus, et avec une précision d'une fraction de millimètre ? Et de quelle délicatesse tactile n'a-t-on pas besoin pour sentir la résistance minime qu'offre à la pointe du cystitome cette capsule cristallinienne microscopique dans son diamètre, et néanmoins si variable dans sa consistance ? — Rien que le nettoyage du champ de l'opération après la sortie de la cataracte, « la toilette » de l'œil, comme l'a élégamment nommée un de nos collègues les plus autorisés, exige une infinité de mouvements combinés et compliqués des doigts, et ne réussira jamais à celui dont les pulpes émoussées ne représentent que les cinq ramifications terminales du bras.

Comment parvient-on à acquérir ces qualités opératoires ? — J'ai déjà indiqué un moyen : l'exercice méthodique des doigts.

Il ne faut cependant point négliger la position que doivent prendre le corps et les bras ni, surtout, l'art de saisir et de guider les instruments.

De très grands chirurgiens ont opéré assis. Mais je considère cette position comme peu recommandable ; elle restreint notablement les mouvements de l'opérateur. La plus grande liberté d'action, la plus grande indépendance des mouvements sont nécessaires pour opérer bien et pour être prêt à toutes les éventualités. C'est pour cela que je préfère opérer debout, le malade étant couché. On peut ainsi facilement varier sa position à volonté.

Je recommande, en outre, d'avoir les bras libres, écartés du corps, les coudes élevés et arrondis, à moins de cas tout à fait exceptionnels. Le bras forme ainsi le levier auquel la main est *suspendue*.

Je dis « suspendue » à dessein, et non « fixée. » Le secret de la sûreté de la main consiste, en effet, dans sa complète indépendance du bras, qui est possible à un degré beaucoup plus grand qu'on ne se l'imagine. Ainsi on parvient, avec quelque exercice, à tenir la main immobile en l'air, alors qu'on élève et abaisse le coude. Ce mouvement semble absolument impossible à celui qui ne l'a pas exercé, simplement parce qu'il n'est pas employé dans la vie usuelle, où l'on meut toujours la main avec le bras. Mais vous comprenez bien, Messieurs, que si la main est assujettie au bras par un poignet raide, le moindre mouvement de l'épaule se transmettra aux doigts et imprimera à cette extrémité du levier une excursion des plus fâcheuses. Si, au contraire, la main n'est que suspendue au bras, celui-ci la maintiendra à l'endroit voulu, sans lui communiquer aucune secousse, aucun tremblement et, ce qui est surtout important, en lui laissant toute liberté de rotation.

Je ne saurais assez insister sur ce principe qui m'a toujours sauvé dans les cas les plus périlleux. S'agit-il d'une opération extraordinairement compliquée, demandez-vous avant tout : Est-ce que mon bras est bien posé, est-ce que ma main est bien libre ?

Ce sont là, Messieurs, grosso modo, les principes de la pose du corps, et du bras, des mouvements de la main et des doigts de l'opérateur en oculistique. Saisissons maintenant l'instrument ! Vous vous doutez bien que cet acte ne réclame pas moins d'attention que l'attitude du membre qui le conduit. En effet, les services que nous rendra l'instrument dépendent, en grande partie, de la façon suivant laquelle nous le tenons.

Or nous posons comme première règle fondamentale qu'il faut saisir les instruments et les tenir de telle sorte

qu'ils permettent la plus grande et la plus rapide varia-
tion dans leur direction. Il faut, en somme, qu'ils ne
forment que les prolongements des doigts, et qu'ils of-
frent le plus de prise au jeu si merveilleusement varié
de leurs muscles.

Quelque riche que soit notre arsenal opératoire, on
peut ranger les instruments en trois catégories au point
de vue de leur maniement : 1° les instruments à manche ; 2° les ciseaux ; 3° les pinces.

Pour les premiers, les instruments à manche, nous ad-
mettons comme principe général de les tenir à peu
près comme un crayon qui, lui aussi, doit pouvoir être
conduit facilement dans toutes les directions. Il est vrai
que, sa pointe pouvant agir dans tous les sens, son
manche est généralement rond, tandis que la plupart
des instruments dont nous nous servons ne trouvent
leur application que dans une seule direction, celle de
leur tranchant.

C'est dans ce but que leur manche est rectangulaire
sur sa coupe, avec des angles rabattus cependant. Cette
forme est très convenable ; elle nous renseigne toujours
exactement sur la direction de la lame ou de la pointe
que porte le manche. Elle empêche ce dernier d'exécuter des rotations involontaires, tout en nous permettant
de le faire tourner, à notre gré, autour de son axe.

Mais pour varier ainsi l'action de l'instrument, il faut
le saisir avec les pulpes de trois doigts seulement, celles
du pouce, de l'index et du médius. Il ne fera que re-
poser légèrement sur la première phalange de l'index,
sur laquelle il glissera ou roulera, suivant qu'on imprimera à son extrémité un mouvement de section ou
de rotation. Pour que ces mouvements soient possibles,
il faut précisément que la pulpe seule, et non une partie plus ou moins grande de la phalange soit en contact
avec l'instrument, et que celle de l'index soit séparée
quelque peu de celle du pouce. C'est alors seulement
qu'on pourra exécuter les sections avec le simple allon-

gement et raccourcissement des doigts, et les rotations les plus complètes sans participation de la main.

Parfois même une partie seulement des pulpes des doigts participera au maniement de l'instrument. C'est ce qui arrive, par exemple, pour le couteau lancéolaire, le cystitome, les curettes, en un mot, pour les instruments qu'on conduit dans le plan sagittal, ou qu'on fait tourner autour de l'axe vertical.

Les instruments à manche se composent généralement de trois parties : du *manche*, qui en représente, pour ainsi dire, la partie passive, de la *lame* (pointe ou crochet), en un mot de la partie active, et du *talon* qui relie la première à la seconde.

J'ai développé ailleurs (1) les principes de la confection parfaite des instruments de la chirurgie oculaire. Nous n'y reviendrons ici que pour rappeler que les trois parties mentionnées doivent avoir des dimensions proportionnées à la destination de l'instrument. Alors le pouce et l'index étant appliqués à deux côtés opposés du manche, l'extrémité du médius doit arriver exactement à la base du talon. Elle ne s'y appliquera en entier que pour les lances où ce dernier est très long.

C'est ainsi qu'on gagnera pour l'extrémité active de l'instrument la plus grande liberté d'action, sans rien ôter à la sûreté de son maniement. On comprend, en effet, que, si les mouvements de l'instrument sont d'autant plus étendus et plus variés que la pointe est plus éloignée des doigts, la sûreté de son action sera d'autant plus grande que les doigts se trouveront plus rapprochés d'elle.

Nous nous souviendrons de ce fait, surtout à propos du maniement des *ciseaux*.

Pour nous servir de ces derniers, nous passons le pouce dans l'un des anneaux, l'annulaire dans l'autre,

---

(1) Landolt. « *Une boîte d'instruments* » (Arch. d'opht., Juillet-octobre 1883).

mais pas jusqu'à l'articulation de la dernière phalange. Une partie seulement de celle-ci s'y engage très légèrement, à peu près comme le pied dans l'étrier, s'il m'est permis de me servir de cette comparaison, qui m'a toujours semblé rendre assez bien le contact léger, et cependant constant, qui doit exister entre les anneaux des ciseaux et les doigts.

La pulpe du médius s'appuie, à la limite de son tiers antérieur, sur l'anneau et le côté de la branche correspondante des ciseaux. L'indicateur, légèrement recourbé, doit s'appliquer sur la croisée des ciseaux, un peu en deçà d'elle. C'est ainsi que l'on conduit ces instruments facilement dans toutes les directions voulues. Mais il faut pour cela que la main soit bien indépendante du bras comme nous l'avons expliqué tout à l'heure. Aucun instrument, sinon parfois la pince à iridectomie, n'exige plus souvent que les ciseaux l'arrondissement et l'élévation du coude.

Il y a une exception cependant. C'est la *pince-ciseaux* de Wecker, qui nécessite un maniement tout différent des ciseaux ordinaires. Il n'a ni anneaux ni branches croisées. Il ressemble à une pince, comme l'indique son nom, et doit être maintenu comme tel.

La pince-ciseaux forme, en effet, la transition entre les ciseaux et les *pinces*. Le maniement de ces derniers est tout ce qu'il y a de plus simple. Vous vous étonnerez d'autant plus de rencontrer encore trop souvent des opérateurs qui ne se servent pas de ces petits instruments suivant les règles de l'art. Toute pince doit être tenue par les pulpes de trois doigts seulement. Celle du pouce se trouvera au milieu de la partie taillée en lime d'un côté, celle de l'index sur la moitié supérieure, celle du médius, sur la moitié inférieure de la partie rayée du côté opposé. Mais l'extrémité supérieure de la pince ne doit jamais s'appuyer sur les phalanges de l'index et encore moins rentrer dans la main.

En maintenant la pince comme nous l'avons dit, on possède toute la force nécessaire et l'on peut imprimer à ses mors tout mouvement voulu. Cette règle est surtout précieuse pour la pince à iridectomie, qu'un bon opérateur fait avancer, reculer, monter, descendre, tourner uniquement avec la pulpe de ses doigts; car elle peut être appelée à s'emparer de tissus bien plus difficiles à saisir qu'un iris prolabé.

Ce sont là, Messieurs, les règles générales qui nous guideront dans le maniement des instruments. Vous en saisirez l'importance mieux encore dans le cours de nos expériences pratiques. Celles-ci nous donneront aussi l'occasion d'en développer les détails, d'en signaler les exceptions.

En suivant nos règles, il devrait être possible d'exécuter toute opération oculaire sans prendre le moindre appui sur la tête du malade. Ce serait là le dernier mot de l'élégance. Certains instruments, comme les ciseaux, comportent d'ailleurs cette position. Dans nos exercices sur le cadavre, nous l'étendrons également à tous les autres, afin d'acquérir le plus de légèreté, d'indépendance et de sûreté dans les mouvements de nos doigts. Mais dans la réalité, il n'est pas seulement permis, mais même recommandable d'appliquer au moins l'extrémité du petit doigt sur une partie voisine de l'œil à opérer. On se met ainsi en contact direct avec le malade. Cela est nécessaire non pour rendre la main plus sûre, mais pour pouvoir suivre facilement, avec l'instrument, les mouvements que le patient exécute avec la tête. Un doigt bien exercé nous renseignera même sur toute la disposition du malade; s'il tremble, s'il contracte ses muscles, ou s'il s'abandonne à l'opérateur. Il nous avertira surtout à temps, des mouvements brusques qui nécessitent un prompt éloignement de l'instrument, pour ne pas amener une collision fâcheuse avec l'œil.

Mais pour bien remplir ce but, la main de l'opérateur

ne doit pas presser sur la tête du patient, et, je le répète en y insistant, si le petit doigt est appliqué, ce n'est que pour établir la communication entre nous et le malade. Celui qui aurait besoin d'un soutien pour opérer, ferait mieux de ne pas se mêler de chirurgie oculaire où une main à la fois sûre et légère est de rigueur.

Qu'on ne vienne pas nous dire qu'on a vu trembler de grands opérateurs. C'étaient peut-être des oculistes de grand mérite, mais certainement pas de parfaits opérateurs. Ou, s'ils l'ont été autrefois, ils ont perdu cette qualité avec l'âge.

Le *grand âge*, en effet, rend impropre au maniement des armes grandes et petites ; il enlève au corps les qualités les plus essentielles à l'opérateur. Le tremblement d'une main sénile qui a rendu jadis la vue à des milliers de malheureux, n'est d'ailleurs pas seulement respectable, mais beaucoup moins dangereux que celui d'un homme encore jeune qui ne sait maîtriser sa main.

Je n'ai rien vu de plus touchant qu'un de nos grands maîtres en ophthalmologie, opérateur glorieux, vieilli dans son noble ministère, mais cependant toujours infatigable à l'œuvre. Lorsque ses doigts, moins jeunes que son esprit toujours vert, semblaient manquer de leur ancienne sûreté, tout de suite une jeune main d'assistant venait discrètement se poser à l'endroit voulu pour servir d'appui au vieux maître. Et je vous garantis que celui-ci ne manquait pas son but d'un demi-millimètre et obtenait des résultats qui auraient fait honneur au plus fort. C'est que, ayant toujours été habile, sa main savait même lutter contre sa propre infirmité et saisir le moment propice au milieu de beaucoup de mouvements impropres.

Mais le tremblement peut avoir bien d'autres causes que la sénilité. Très souvent il est d'origine *nerveuse*. Un certain malaise, une inquiétude, que sais-je, semble s'emparer de ces chirurgiens, aussitôt qu'ils sont appelés à opérer sur leur prochain, fût-il endormi ou même mort. Dans le premier cas, une imagination inquiète leur peint, avec des couleurs trop vives, tous les dangers qui peuvent se présenter pendant et après l'opération. Ils n'ont pas cette heureuse disposition de caractère d'un de nos chirurgiens célèbres qui, jeune et inconnu encore, fut appelé à opérer un grand personnage. L'opération terminée, celui-ci lui dit, avec un air de condescendance : « Vous avez été bien courageux, docteur, d'avoir osé m'opérer ainsi sans trembler ! »—« Oh ! ce n'était pas à moi de trembler ! » répondit tranquillement le jeune opérateur, manifestant ainsi une des plus grandes qualités du chirurgien : le calme et l'assurance. Aussi, est-il devenu rapidement une des gloires de la chirurgie française.

Parfois c'est moins l'intérêt du malade, que l'*ambition*, la crainte de soulever les critiques de l'entourage, qui enlève au chirurgien la sûreté nécessaire. Le malheureux se trouve alors dans un cercle vicieux ; plus il craint de ne pas briller, plus il tremble et plus il s'agite.

Que des *poisons*, comme le tabac, l'alcool et autres, puissent influencer de la façon la plus fâcheuse la main de l'opérateur, personne ne le contestera. Aussi la sobriété est-elle plus indispensable à l'oculiste que le calcul intégral.

Mais souvent l'incertitude de la main tient tout bonnement à la *faiblesse du bras*. Si ce dernier n'a pas la force de se tenir pendant quelque temps immobile dans une position souvent incommode, il commence à trembler et ses mouvements, à peine perceptibles à l'épaule, augmentent de la façon la plus fâcheuse jusqu'à l'extrémité des doigts. Voilà pourquoi on a grand tort d'accuser l'exercice corporel : la gymnastique, la chasse, l'équitation, l'escrime, etc., de pouvoir devenir préjudiciables à l'opérateur. C'est juste le contraire qui est vrai : à moins de pousser la chose à l'extrême, de se faire lutteur de profession ou d'entreprendre une opération de cataracte en guise de quatrième assaut. Soyez bien convaincus, Messieurs, que tout ce qui contribue à fortifier la santé physique et morale, tout ce qui rend plus vigoureux le bras et augmente le courage ne peut que profiter au chirurgien.

En effet, en dehors des qualités que nous venons de réclamer pour lui, il y en a une qui lui est plus indispensable encore, qui est la plus importante de toutes : c'est la *confiance en lui-même*. Sans elle, pas de sûreté, pas d'élégance, pas de succès. Et cette confiance, elle naît de la connaissance approfondie de la tâche qu'on se propose, de l'habitude du maniement des instruments acquise par l'expérience, de ce sentiment viril qui est le privilège de la santé et des mâles exercices.

Sur ce, mettons-nous à l'œuvre, parlons peu, observons et travaillons bien, afin de réaliser les principes que je n'ai pu qu'exposer brièvement et d'une façon générale.

Nos conférences seront consacrées essentiellement à l'exercice pratique des opérations oculaires sur le cadavre, sur des yeux introduits dans le masque et sur des animaux vivants. La théorie ne comprendra que l'exposé succinct de l'opération que nous nous proposons de faire et, si vous le voulez bien, la critique de ce que nous aurons fait.

PARIS. — IMP. V. GOUPY ET JOURDAN, RUE DE RENNES, 71